Índice

Trovante
- 16 Saudade
- 22 Timor
- 26 Perdidamente
- 30 Lisboa
- 32 Fiz-me à cidade

Ala dos namorados
- 36 Solta-se o beijo
- 42 Ao Sul
- 46 Loucos de Lisboa
- 52 Razão de ser
- 56 Siga a Marinha
- 60 Lua de Todos

Rio Grande
- 64 A Fisga
- 68 Postal dos Correios
- 72 Caçador da Adiça

Cabeças no Ar
- 76 A seita tem um radar
- 82 O cheiro dos livros
- 86 Jesus no Secundário
- 90 O deserto de Sara

Moby Dick
- 96 Olhos nos Olhos

Voz e Guitarra
- 98 O Zorro

Filarmónica Gil
- 100 Deixa-te ficar na minha casa

João Gil
em nome próprio

Estava a comentar com dois amigos meus:

– Vou fazer um texto introdutório para o meu *songbook* e...

– Tens a certeza?

– Sim, faz sentido escrever algo sobre as pessoas que se cruzaram ao longo de...

– Que seca! Ouve lá, pensa nos leitores.

– Sim, está bem, mas...

– Passas a vida a agradecer e a falar dos cantores e das vozes, não?

– Sim, mas isso é o mínimo. Pensem na importância dos músicos, dos autores, dos produtores, do meu manager, na editora, nos técnicos de som, tanta gente... tenho de agradecer. Um Abraço por exemplo?...

– Não faças isso! As pessoas sabem! Lá vem o mesmo discurso.

– E então a família donde venho, os meus pais, as minhas três irmãs, o meu filho, posso dedicar-lhes o livro?

– Ah, isso é bonito. Porque é que não contas algumas histórias que estão em volta das canções? Aquela que nos contaste, quando fizeste o Perdidamente e...

– Nem pensar! Interessa-me mais o que aconteceu posteriormente com cada uma delas, a sua própria vida.

– Olha faz o que quiseres, mas não escrevas nada.

– Pensei, pensei, e dei-lhes razão.

Sobre João Gil...

Manuel Paulo, Jorge Palma, João Monge, Manuel Faria, Tim, Sara Tavares, Diogo Infante, Isabel Silvestre, Margarida Gil, Luís Represas e Rui Veloso

Jorge Palma

Cá para mim, o João Gil transporta no espírito esse tipo de inquietação que leva um indivíduo a procurar incessantemente superar-se a si próprio, reinventar-se a cada instante, sondar afincadamente, os caminhos ínvios e caprichosos dos deuses, o que, diga-se de passagem, é uma espécie de bicho-carpinteiro altamente pernicioso para o merecido sono dum homem trabalhador e normal. É-me fácil imaginar que os seus sonhos reflictam mais a actividade dum Indiana Jones em plena laboração do que a plácida beatitude do tradicional repouso do guerreiro – consta que o próprio Aquiles costumava sonhar com simpáticos caracóis espartanos pastando despreocupadamente em redor dos calcanhares, isto depois dum dia inteiro a massacrar troianos. Daí a minha compreensão e benevolência perante atitudes bizarras do João, tais como proibir que os amigos fumem no interior da sua viatura de caixa automática, até mesmo a sua preferência pela dita caixa automática em detrimento das incomparavelmente mais excitantes mudanças manuais. Enfim, o Gil não tem culpa de transpirar musicalidade, de compor uma canção, seja ela valsa, polka, chula, rock'n'roll, marcha "alla turca" ou sevilhana, com a naturalidade de quem bebe uma coca-cola, de ter um carácter empreendedor que não conhece limites e de, mesmo assim, me apetecer convidá-lo para jantar.

[Zambujeira do Mar, 2004]

Manuel Faria

O que é ser compositor de canções? Não basta ter jeito para fazer meia dúzia de melodias, nem alinhar dois ou três acordes. Nem copiar mais ou menos aquilo que está na moda.

Um compositor de canções tem música dentro da cabeça, vive com ela, acorda e deita-se com sons a germinar debaixo do couro cabeludo.

Uma boa canção vive sozinha, não precisa de ninguém que a defenda ou explique, viaja de boca em boca no tempo e no espaço e ajuda-nos em muitas situações difíceis da nossa vida.
É todo um edifício musical, com uma determinada sonoridade que não aparece por acaso e tem a sua atmosfera própria. É única.
Fazê-la parece fácil.
Quanto melhor for, mais fácil parece ter sido a sua construção.
É esse o problema.
O ingrediente principal é a inspiração que nem sempre nos acompanha. Há dias em que nos sentimos vazios e nada sai, outros em que bastam dez minutos para nascer 90% de uma canção. Mas isso somos nós.

O meu amigo João Gil é daqueles que caiu na panela da inspiração quando era pequenino. Não há nada a fazer. Produz uma quantidade astronómica de canções sem mostrar cansaço e eu já o vi entrar para uma casa de banho com a viola e sair de lá com uma canção. Boa, claro. Como sempre.
Para ele, o abraço de sempre.

Manuel Paulo

Não posso dizer que o Gil tenha o que se possa chamar «um estilo». A sua imaginação deambula por muitas paisagens musicais, e sendo um tipo que não joga pelo seguro, torna seus diferentes estilos, mesmo correndo riscos. Isto, aliado a um talento especialíssimo para evitar caminhos óbvios nas suas canções, faz dele um dos grandes escritores de canções que eu conheço e com o qual tenho tido o prazer de trabalhar.

Margarida Gil

Para o meu irmão João

João.
O irmão mais novo de quatro que sobrevivemos; o nosso benjamim.

Ao olhar para ele sorrimos, as manas, nós três. Quando o vemos no palco aos saltos como um miúdo, ou o vemos suspender-se, ficar distraído a ouvir-se por dentro. Tão parecido com a nossa mãe, alegre e ágil, tão parecido com o nosso pai... Atento aos sinais que lhe vêm sabe-se lá de onde. Aquela música que (es)corre nele, água profunda, fria e forte como a nossa serra que o esculpiu, terno e livre como um cavalo andaluz, o nosso João.

Sua irmã mais velha

Diogo Infante

Escrever sobre amigos é tarefa ingrata, ou somos lamechas ou indiscretos. Seja como for, corro o risco e quero deixar bem claro que me considero um priviligiado por pertencer ao grupo restrito de pessoas que convivem com o João.
Sim, sou tendencioso, desculpem-me mas gosto dele!

Tenho um amigo que se chama João
entre duas descidas compõe a canção
e para as mensagens, fiquem a saber,
trauteia o verso para não esquecer

E segue a descida pelo branco gelado
aperta a curva num gesto rasgado
e qual puto feliz quando chega ao final
olha pra cima e faz um sinal

Tá tudo bem, tá tudo bem
podes vir,não há ninguém

E sem medo à fiança
lá vou eu na esperança
que o malho seja manso
sou mesmo tanso

E do nada vem a mão
que me ajuda a erguer
não fora as dores na alma
até podia agradecer

O João é um trovador, poeta, sonhador
faz o que diz e diz o que sente
o João é assim... é boa gente

Luís Represas

Penso que ninguém tem dúvidas em afirmar que o Gil, sim, é assim que eu sempre lhe chamei e não me dá jeito outra coisa, é um dos grandes compositores portugueses dos últimos 30 anos. Em dezasseis deles eu estava lá e sei como é que é, como é que as canções nascem na cabeça dele e saltam com identidade própria para o imaginário colectivo. Estivemos juntos no caldeirão. Fomos parceiros em muitas delas e continuaremos a ser, pois então. Eu gosto das músicas do Gil. E do meu amigo também.

Isabel Silvestre

João Gil contribuiu de forma determinante para que se desse na minha carreira uma importante alteração. Com ele aprendi a distiguir música tradicional de música popular. Nasci e vivo num determinado espaço rural, num contexto educacional, religioso e específico. Como aconteceu já com Rão Kyao e Rui Reininho, João Gil fez-me aventurar de forma decisiva por outros espaços, sempre num contexto Português. João Gil é um investigador, a música é para ele o seu campo de investigação preferido. Liga a música à história da nossa gente, do nosso Povo.
Convicto, tem uma capacidade enorme para dirigir os intérpretes, sabendo ler neles as suas capacidades tirando delas todas as virtualidades.
Respeita as pessoas com quem trabalha e transporta em si grande humanismo e grande humanidade. É um músico português do seu tempo. Mas não é um homem ou um músico fechado.
Tem uma visão universalista de grande sensibilidade das coisas e da música.

Sara Tavares

João Gil ?!!!
Tudo no mundo é finito... às vezes alguém deixa-se flutuar para além daqui; aí o céu desce e coloca beijinhos celestiais, em formato de canções, na mão de quem sonha com asas...
As canções do João eternizam-nos a todos debaixo do céu de Portugal.

Rui Veloso

O Gil é dos mais brilhantes compositores de sempre da música popular portuguesa.

Tem canções com a marca da eternidade. Desde Trovante até Rio Grande ou Ala dos Namorados o seu percurso, já longo, é atravessado pela sua fulgurante criatividade e originalidade.

Um grande compositor popular e também um bom amigo!

João Monge

"O Gil é um chato"
Nestas alturas de balanço de actividades, de resumos de uma vida, ou do que lhe queiram chamar, é comum convocarem-se os amigos do visado para que lhe teçam um pano de fundo com a teia do bom feitio e a trama da genialidade. Acrescenta-se um pontinho pitoresco e a coisa está arrematada. Nem morto!... Eu acho que isso não se faz, especialmente aos amigos!
Falar das dezenas da canções que fiz com o Gil tornava-se redundante. É como falar dos filhos e hoje não me apetece bater nos putos!
Então do que vos poderei falar? Do nosso relacionamento e de algumas canções que, por não estarem acabadas, ainda não são nossos filhos (odeio esta imagem!) e portanto podem levar pontapés à vontade?...
Siga para bingo:
O Gil trata-me por Jota. Ou seja, trata-me pela inicial do meu primeiro nome. É a única pessoa que o faz e eu, apesar de gostar, dou graças a Deus por ser uma consoante. Se me chamasse Uelé nunca distinguiria o apupo do chamamento. Uma chatice!

Aqui há tempos dei-lhe uma letra muito redondinha, com a métrica toda certinha e a rima toda escolar, chamada Vontade de Te Matar (não, não era dedicada a ele, deixem-se de ideias!). A coisa estava mesmo a pedir uma canção "chapa 1". Passados meia-dúzia de dias telefonou-me: «Jota, ouve lá isto!...». Tinha escaqueirado a métrica, tinha partido um verso ao meio e até tinha suprimido uma palavra para só a dizer na repetição. Uma canseira!
Mas eu vinguei-me do sacana! Mandei-lhe uma hóstia chamada A Dúvida que não tem dois versos do mesmo tamanho e enche um A4. A rima, quando existe, é caótica e eu pensei de mim para mim «Lixei-o!». O Gil tirou-lhe as arestas, passou-lhe com um paninho, organizou o caos e fez daquilo uma canção. O sacana é mesmo chato! É o tipo de chato capaz de musicar as Páginas Amarelas...
Quando se fala de género, a chatice continua. O Gil não tem género, não respeita o meu género, compõe para onde está virado e ponto final. A coisa é tanto assim que, só para que vejam do que falo, sempre vos conto que entreguei ao hereje uma letra de fado chamada Corpo Só, daquelas letras que são irremediavelmente um fado, uma coisa inequivoca, sem volta a dar-lhe. Passado um mês recebi o fatídico telefonema: «Jota, ouve lá isto!...».
Nem vos falo do que ouvi, acho que já entenderam...

Trabalhar com o Gil é como andar no mar alto com a bússula marada. Eu sei que é chato, mas dá-me imenso prazer!

Tim

O Gil tem um songbook? Bem merece, porque se há coisas que ele faz bem são canções. E já fez muitas, de vários géneros, mas sempre com algo original, algo do Gil.
Uma canção é uma peça sui generis: tem um motivo, tem um ambiente; tem um personagem, tem uma história; tem um nome, tem uma letra; tem uma parte A e um refrão; é pequena em tamanho mas forte nos sentimentos que provoca; é uma arte de equilíbrio difícil de explicar, e por isso difícil de ensinar, mas apaixonante de praticar. É isso que o Gil tem feito durante todo o seu percurso musical: praticar a difícil arte de fazer BOAS canções. Este livro de canções pode ajudar a perceber um pouco desse misterioso percurso, que, aposto, começou sem querer, e se tornou depois numa necessidade absoluta de expressão.
Eu já tive o prazer de ouvir as canções do Gil mostradas por ele, à viola, com a letra à frente, a melodia sugerida, e sei que é assim que elas vão soar nas vossas mãos, BOAS, mesmo na sua forma mais simples, por isso aproveitem.

Trovante Saudade, Timor, Perdidamente, Lisboa, Fiz-me à cidade **Ala dos namorados** Solta-se o beijo, Ao Sul, Loucos de Lisboa, Razão de ser, Siga a Marinha, Lua de Todos **Rio Grande** Fisga, Postal dos Correios, Caçador da Adiça **Cabeças no Ar** A seita tem um radar, O cheiro dos livros, Jesus no Secundário, O deserto de Sara **Moby Dick** Olhos nos Olhos **Voz e Guitarra** O Zorro **Filarmónica Gil** Deixa-te ficar na minha casa

Trovante
1976

Moby Dick
1993

Ala dos Namorados
1994

Rio Grande
1996

Cabeças no Ar
2002

Filarmónica Gil
2005

título	**letra**	**música**
Saudade	**João Gil**	**João Gil**

Há sempre alguém que nos diz tem cuidado
Há sempre alguém que nos faz pensar um pouco
Há sempre alguém que nos faz falta
Ai... Saudade

Chegou hoje no correio a notícia
É preciso avisar por esses povos
Que turbulências e ventos se aproximam
Ai... Saudade

Foi chão que deu uvas alguém disse
Mas porém colhe-se o trigo faz-se o pão
E se ouvimos os contos de um tinto velho
Ai... Bebemos a saudade

E vem o dia em que dobramos nossos cabos
Da roca a S. Vicente em boa esperança
E de poder vaguear com as ondas
Ai... Saudades do futuro

título letra música
Saudade João Gil João Gil

© 2005 EMI Music Publishing Portugal

título
Saudade

letra
João Gil

música
João Gil

título letra música
Saudade João Gil João Gil

título: Saudade
letra: João Gil
música: João Gil

título	**letra**	**música**
Timor	**João Monge**	**João Gil**

Lavam-se os olhos nega-se o beijo
Do labirinto escolhe-se o mar
No cais deserto fica o desejo
Da terra quente por conquistar

Nobre soldado que vens senhor
Por sobre as asas do teu dragão
Beijas os corpos no chão queimado
Nunca serás o nosso perdão

Ai Timor
Calam-se as vozes
Dos teus avós
Ai Timor
Se outros calam
Cantemos nós

Salgas os ventres que não tiveste
Ceifando os filhos que não são teus
Nobre soldado nunca sonhaste
Ver uma espada na mão de Deus

Da cruz se faz uma lança em chamas
Que sangra o céu no sol do meio dia
Do meio dos corpos a mesma lama
Leito final onde o amor nascia

Ai Timor
Calam-se as vozes
Dos teus avós
Ai Timor
Se outros calam
Cantemos nós

título
Timor

letra
João Monge

música
João Gil

© 2005 EMI Music Publishing Portugal

título
Timor

letra
João Monge

música
João Gil

título	**letra**	**música**
Perdidamente	Florbela Espanca	João Gil

Ser poeta é ser mais alto, é ser maior
Do que os homens! Morder como quem beija!
É ser mendigo e dar como quem seja
Rei do Reino de Aquém e de Além Dor!

É ter de mil desejos o esplendor
E não saber sequer que se deseja!
É ter cá dentro um astro que flameja,
É ter garras e asas de condor!

É ter fome, é ter sede de Infinito!
Por elmo, as manhas de oiro e de cetim...
É condensar o mundo num só grito!

E é amar-te, assim, perdidamente...
É seres alma, e sangue, e vida em mim
E dizê-lo cantando a toda a gente!

título: Perdidamente
letra: Florbela Espanca
música: João Gil

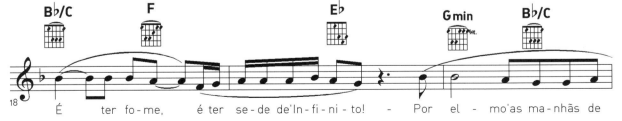

título letra música
Perdidamente Florbela Espanca João Gil

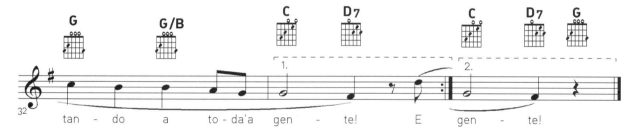

título	**letra**	**música**
Lisboa	Eugénio de Andrade	João Gil

Alguém diz com lentidão:
«Lisboa , sabes...»
Eu sei. É uma rapariga
Descalça e leve,
Um vento súbito e claro
Nos cabelos,
Algumas rugas finas
A espreitar-lhe os olhos,
A solidão aberta
Nos lábios e nos dedos,
Descendo degraus
E degraus
E degraus até ao rio.

Eu sei. E tu, sabes?

título letra música
Lisboa João Gil

© 2005 EMI Music Publishing Portugal

título	**letra**	**música**
Fiz-me à Cidade	**João Gil**	**João Gil**

Fiz-me à cidade,
Toda a aldeia está na minha busca,
Procurando os sítios onde eu era o rei,
Perto das silvas, junto à ribeira.

Vêm as velhas,
A quem eu fazia os seus recados.
Vêm os homens
Que nascem na fábrica.

E ouço dizer:
«Não tenhas medo»

Olho para trás
E vejo a estação vazia e triste.
Recordo Teresa e o primeiro beijo,
Perto das silvas, junto à ribeira.

Aqui neste comboio
Fujo da tristeza,
Fujo da miséria,
Já nada me impede.
Corro contra o vento,
Corro atrás do tempo,
Não pode haver pior,
Não quero mendigar!

Vou para a cidade!

E adormeço,
Sonho com a cidade, a capital.
Vejo uma mosca atrapalhada no vidro...

E ouço dizer:
«Não tenhas medo»

título letra música
Fiz-me à Cidade João Gil João Gil

© 2005 EMI Music Publishing Portugal

título
Fiz-me à Cidade

letra
João Gil

música
João Gil

título
Fiz-me à Cidade

letra
João Gil

música
João Gil

título	**letra**	**música**
Solta-se o Beijo	Catarina Furtado	João Gil

Espreito por uma porta encostada
Sigo as pegadas de luz
Peço ao gato xiu para não me denunciar

Toca o relógio sem cuco
Dá horas à cusquice das vizinhas
E eu, confesso às paredes de quem gosto
Elas conhecem-te bem

Aconchego-me nesta cumplicidade, deixo-me ir...
Nos trilhos traçados pela saudade de te encontrar
Ainda onde te deixei.

Trago-te o beijo prometido
Sei o teu cheiro, mergulho no teu tocar
Abraças a guitarra e voas para além da lua

Amarro o beijo que se quer soltar
Espero que me sintas para me entregar
A cadeira, as costas, o cabelo, a cigarrilha,
A dança do teu ombro...

E, nesse instante em que o silêncio
É o bater do coração
Fecha-se a porta.
Pára o relógio,
As vizinhas recolhem
Tu olhas-me

Solta-se o beijo, o gato mia...

título
Solta-se o Beijo

letra
Catarina Furtado

música
João Gil

© 2005 EMI Music Publishing Portugal

título
Solta-se o Beijo

letra
Catarina Furtado

música
João Gil

título
Solta-se o Beijo

letra
Catarina Furtado

música
João Gil

título
Solta-se o Beijo

letra
Catarina Furtado

música
João Gil

título
Solta-se o Beijo

letra
Catarina Furtado

música
João Gil

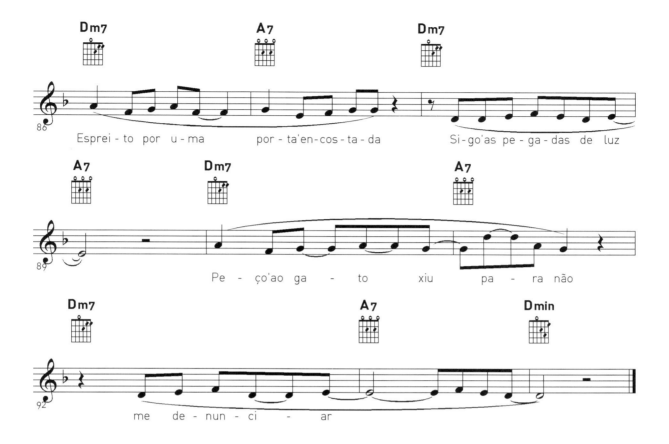

título	**letra**	**música**
Ao Sul	João Monge	João Gil

Ao sul
À procura do meu norte
Subo as águas desse rio
Onde a barca dos sentidos
Nunca partiu

Lá longe
Inventei o dia azul
E o desejo de partir
Pelo prazer de chegar
Ao sul

Cada um tem a sina que tem
Os caminhos são sempre de alguém
Ao sul

Ao sul
Entre dois braços abertos
Bate um coração maltês
Que se rende, que se dá
De vez

Por amor
Corto os frutos que criei
Corto os ramos que estendi
Pela raiz que abracei
Ao sul

Cada um tem sina que tem
Os caminhos são sempre de alguém
Ao sul

título
Ao Sul

letra
João Monge

música
João Gil

© 2005 EMI Music Publishing Portugal

título: Ao Sul
letra: João Monge
música: João Gil

título letra música
Ao Sul João Monge João Gil

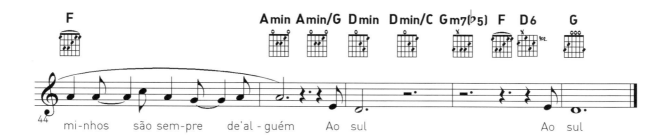

mi-nhos são sem-pre de'al-guém Ao sul Ao sul

título	**letra**	**música**
Loucos de Lisboa	João Monge	João Gil

Parava no café quando eu lá estava
Na voz tinha o talento dos pedintes
Entre um cigarro e outro lá cravava
A bica ao melhor dos seus ouvintes.

As mãos e olhar da mesma cor
Cinzenta como a roupa que trazia
Num gesto que podia ser de amor
Sorria, e ao partir agradecia

São os loucos de Lisboa
Que nos fazem duvidar
A Terra gira ao contrário
E os rios nascem no mar.

Um dia numa sala do quarteto
Passou um filme lá do hospital
Onde o esquecido filmado no gueto
Entrava como artista principal

Comprámos a entrada prá sessão
Pra ver tal personagem no écran
O rosto maltratado era a razão
De ele não aparecer pela manhã

(Refrão)

Mudámos muita vez de calendário
Como o café mudou de freguesia
Deixámos de tributo a quem lá pára
Um louco a fazer-lhe companhia

É sempre a mesma pose o mesmo olhar
De quem não mede os dias que vagueiam
Sentado lá continua a cravar
Beijinhos às meninas que passeiam

(Refrão)

título
Loucos de Lisboa

letra
João Monge

música
João Gil

© 2005 EMI Music Publishing Portugal

título
Loucos de Lisboa

letra
João Monge

música
João Gil

título: Loucos de Lisboa
letra: João Monge
música: João Gil

título
Loucos de Lisboa

letra
João Monge

música
João Gil

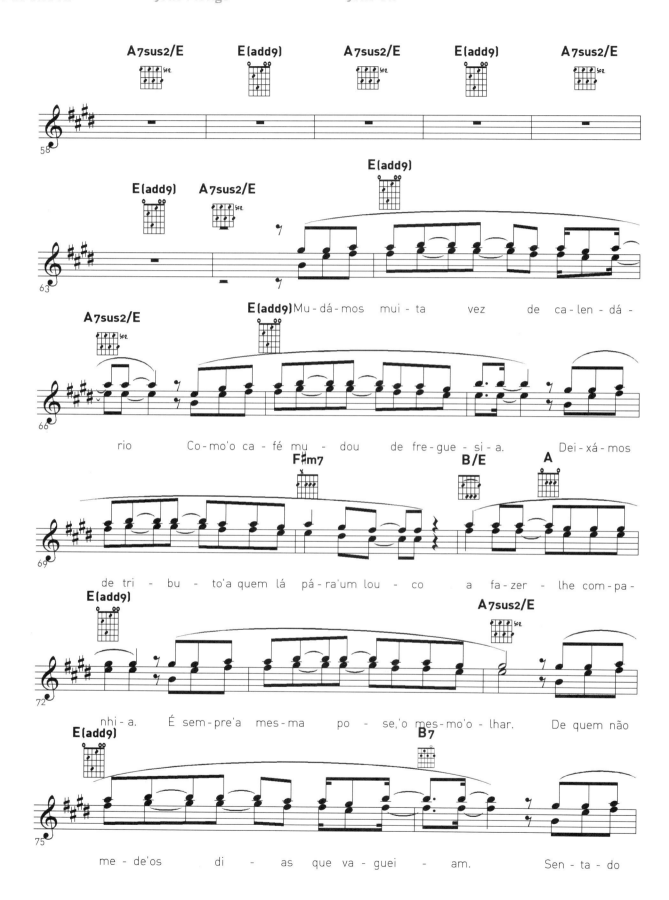

título
Loucos de Lisboa

letra
João Monge

música
João Gil

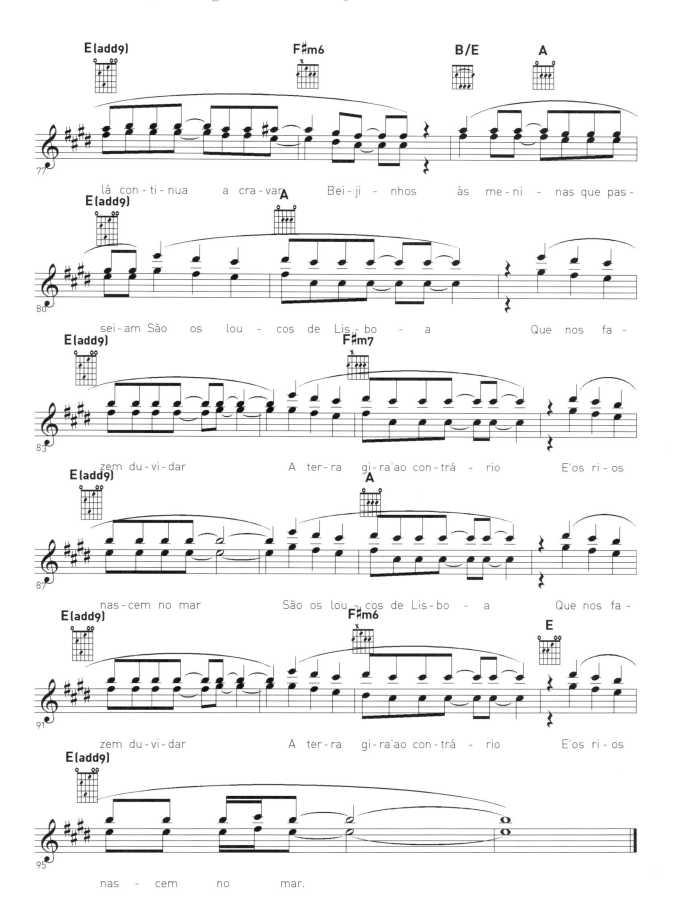

título	**letra**	**música**
Razão de Ser (e valer a pena)	**João Monge**	**João Gil**

Deixa ser como o luar: à minha vontade.
Como a águia, ser a águia sem nenhum problema.
Ser a gota, o grão de areia, a minha unidade:
Do deserto e do mar a coisa pequena.
Ter do tempo a claridade do sol promissor,
Como o índio. Ser o índio e valer a pena.
E valer a pena.

Sem outra razão. E valer a pena.

Ser de rir e de chorar, ser do meu momento.
Como o vento, ser o vento e a sua feição.
Ter da flor a sua essência só pelo prazer.
Só o ser. Só o ser sem a condição.
Amar-te só porque sim e valer a pena.
Só o sim, só o sim sem a explicação.
E valer a pena.

Sem outra razão. E valer a pena.

Ai se eu pudesse ter a paz para te dar…
um pouco do céu, um pouco do sonho,
Um pouco de paz…
Sem outra razão, já valia a pena!

título
Razão de Ser
(e valer a pena)

letra
João Monge

música
João Gil

© 2005 EMI Music Publishing Portugal

título: Razão de Ser (e valer a pena)
letra: João Monge
música: João Gil

título
Razão de Ser
(e valer a pena)

letra
João Monge

música
João Gil

título	**letra**	**música**
Siga a Marinha	João Monge	João Gil

Deixei o coração em cada porto
E um pranto de saudades ao redor
Um lenço lá ao longe que recordo
Mas não consigo ser melhor

Pra mim esta aventura é um farol
Não escondo que me dá algum prazer
Mais vale navegar ao vento, ao sol
O que é que havemos de fazer?

Adeus, adeus
Terras do cais
Adeus, adeus
Até nunca mais

Quem fica não entende esta conduta
Quem parte é que lhe dá algum sentido
Um marinheiro em terra é que labuta
Em prol do apelido

Adeus, adeus
Terras do cais [2x]
Adeus, adeus
Até nunca mais

E um dia se a maré for de voltar
Alguém há-de pagar o meu pecado
À mesa ao fim da tarde a ver o mar
Cantar connosco lado a lado

título
Siga a Marinha

letra
João Monge

música
João Gil

© 2005 EMI Music Publishing Portugal

título: Siga a Marinha
letra: João Monge
música: João Gil

título	**letra**	**música**
Lua de Todos	João Monge	João Gil

Quem vai esperar por mim um dia
Quando as ribeiras são a foz
E o cavalo renuncia
Verdes horas, verdes águas
Ó lua de todos nós

Quem vai levar este barquinho
A dar à praia derradeira
Onde a noite faz o ninho
Verde névoa, verde véu
Lança de ponta certeira

Quem leva o toiro que caiu
E lava a praça de manhã
As papoilas pelo estio
Verde espada, verde rosa
Verde sangue de romã

Batem as cinco à hora certa
Lua brava se eu puder
Dou-te o peito à descoberta
Verde sonho, verdes asas
Nos braços de uma mulher

título
Lua de Todos

letra
João Monge

música
João Gil

© 2005 EMI Music Publishing Portugal

título letra música
Lua de Todos João Monge João Gil

* Frase Instrumental

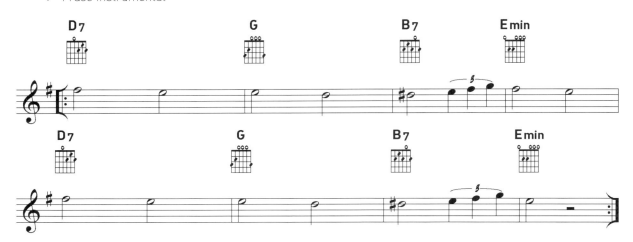

título

A Fisga

letra

João Monge

música

João Gil

Trago a fisga no bolso de trás
E na pasta o caderno dos deveres
Mestre-escola, eu sei lá se sou capaz
De escolher o melhor dos dois saberes

O meu pai diz que o sol é que nos faz
Minha mãe manda-me ler a lição
Mestre-escola eu sei lá se sou capaz
Faz-me falta ouvir outra opinião

Eu até nem sequer sou mau rapaz
Com maneiras até sou bem mandado
Mestre-escola diga lá se for capaz
Pra que lado é que me viro. Pra que lado?

Trago a fisga no bolso de trás
E na pasta o caderno dos deveres
Mestre-escola, eu sei lá se sou capaz
De escolher o melhor dos dois saberes

título: A Fisga
letra: João Monge
música: João Gil

© 2005 EMI Music Publishing Portugal

título letra música
A Fisga João Monge João Gil

título: A Fisga
letra: João Monge
música: João Gil

título	**letra**	**música**
Postal dos Correios	**João Monge**	**João Gil**

Querida mãe, querido pai. Então que tal?
Nós andamos do jeito que deus quer
Entre os dias que passam menos mal
Lá vem um que nos dá mais que fazer

Mas falemos de coisas bem melhores:
A Laurinda faz vestidos por medida
O rapaz estuda nos computadores
Dizem que é um emprego com saída

Cá chegou direitinha a encomenda
Pelo «expresso» que parou na Piedade
Pão de trigo e linguiça prà merenda
Sempre dá para enganar a saudade

Espero que não demorem a mandar
Novidades na volta do correio
A ribeira corre bem ou vai secar?
Como estão as oliveiras de «candeio»?

Já não tenho mais assunto para escrever
Cumprimentos ao nosso pessoal
Um abraço deste que tanto vos quer
Sou capaz de ir aí pelo Natal

título
Postal dos Correios

letra
João Monge

música
João Gil

© 2005 EMI Music Publishing Portugal

título
Postal dos Correios

letra
João Monge

música
João Gil

70

título: Postal dos Correios
letra: João Monge
música: João Gil

título	letra	música
O Caçador da Adiça	**João Monge**	**João Gil**

Subi à Serra da Adiça
E só parei no talefe
A lua grande e roliça
Aumentava o tefe-tefe

Levei a saca de estopa
Preparado para caçar
Faço dela a minha roupa
Se o frio da noite apertar

O teu coração parece
Uma pedra sem destino
Dizem que só amolece
Ao canto de um gambozino

Uns dizem que é fugidio
Outros que é de má raça
Tenho de ter algum brio
Para não espantar a caça

As coisas que a gente faz
A dar vazão ao que sente
Já pensava em vir para trás
Sai-me um vulto pela frente

Abri a boca da saca
Fechei os olhos ao medo
A tua mão não me escapa
Não é tarde nem é cedo

Refrão
Assim me fiz caçador
Sem espingarda nem «piloto»
Para ter o teu amor
Para te cair no goto

título
O Caçador da Adiça

letra
João Monge

música
João Gil

Sub-i à Serra da'A-di-ça E só pa-rei no ta-le-fe
As coi-sas que'a gen-te faz A dar va-zão ao que sen-te
A lu-a gran-de'e ro-li-ça Au-men-ta-va'o te-fe te-fe
Já pen-sa-va'em vir pra trás Sai-me'um vul-to pe-la fren-te
Le-vei a sa-ca de'es-to-pa pre-pa-ra-do pra ca-çar
A-bri a bo-ca da sa-ca Fe-chei os o-lhos ao medo
Fa-ço de-la mi-nha rou-pa Se'o frio da noi-te'a-per-tar
A tu-a mão não me'es-ca-pa Não é tar-de nem é cedo
O teu co-ra-ção pa-re-ce u-ma pe-dra sem des-

© 2005 EMI Music Publishing Portugal

título letra música
O Caçador da Adiça João Monge João Gil

título	letra	música
A seita tem um radar	**Carlos Tê**	**João Gil**

No meio dos amigos
Aprende-se muito mais
Do que em todos os manuais
Histórias de fazer corar
Coisas da vida reais
Que nos querem ocultar

Quando os dias incertos
Franzem o seu sobrolho
E até os céus mais abertos
Nos correm o seu ferrolho
Quem é que não nos enjeita
Só a seita só a seita

A seita tem um radar
Que apanha tudo no ar
Na seita não há papão
Tudo tem explicação

No meio das amigas
Aprende-se ainda mais
Vai-se mais longe que os sonhos
E que a imaginação
As ciências naturais
Cabem na palma da mão

título letra música
A seita tem um radar Carlos Tê João Gil

No meio dos amigos, aprende-se muito mais,
Quando os dias incertos, franzem o seu sobreolho
Do que em todos os manuais, histórias de fazer corar,
E até os céus mais abertos, nos correm o seu forrolho,
Coisas da vida reais, que nos querem ocultar,
Quem é que não nos enjeita, só a seta só a-

© 2005 EMI Music Publishing Portugal

título
A seita tem um radar

letra
Carlos Tê

música
João Gil

título: A seita tem um radar
letra: Carlos Tê
música: João Gil

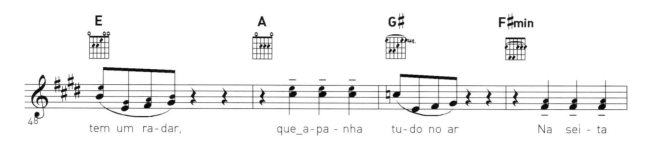

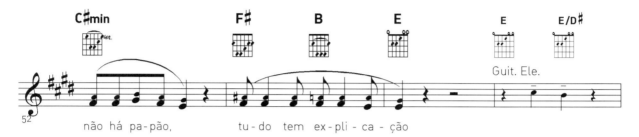

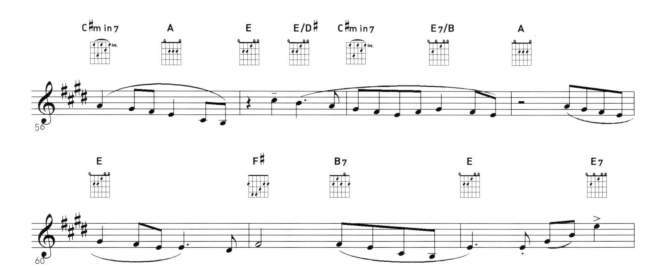

título letra música
A seita tem um radar Carlos Tê João Gil

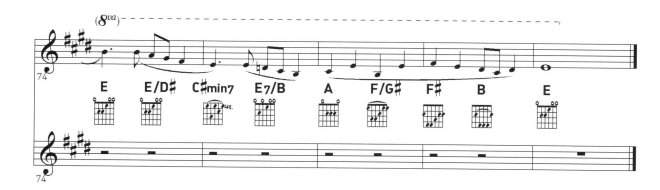

título	**letra**	**música**
O Cheiro dos Livros	**Carlos Tê**	**João Gil**

O professor de português
Empolgou-se na lição
Tropeçou caiu ao chão
Quase partiu o pescoço
Como aquele sábio grego
Que de tanto olhar para o céu
Caiu dentro dum poço

O professor de português
Falava da natação
Dos poemas de Camões
Eu vi toda a epopeia
Senti o cheiro ao mostrengo
Cheirava a sal e trovões
E a desgostos de sereia

Mas eu quero dizer-lhe
Um segredo verdadeiro
Até o stôr cair
Os livros não tinham cheiro

E eu não tinha atenção
Era uma nota sofrível
Senti vivo o predicado
Dentro do meu coração
Saltei subi de nível
Fiz-me sujeito acordado
No centro da oração

Ó meu caro professor
Eu quero-lhe agradecer
Ter ganho o meu nariz
Nele vou a toda a parte
E uma força motriz
Vou a Roma e a Paris
Vou à Lua e vou a Marte

título: O Cheiro dos Livros
letra: Carlos Tê
música: João Gil

© 2005 EMI Music Publishing Portugal

título
O Cheiro dos Livros

letra
Carlos Tê

música
João Gil

título
O Cheiro dos Livros

letra
Carlos Tê

música
João Gil

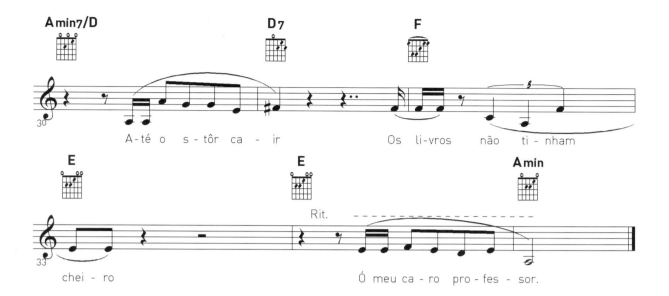

título
Jesus no Secundário

letra
Carlos Tê

música
João Gil

Jesus falava aos doutores
E abria o seu coração
Gostava de futebol
Tinha até um pé-canhão

Às tantas pergunta um doutor
Com voz doce como mel:
- Qual é o reino maior
O do Céu ou de Israel?

Jesus ficou em silêncio
Que foi tido por matreiro
Fizeram queixa ao seu pai
Que era um pobre carpinteiro

E o pai disse meu filho
Dá a mão à palmatória
O maior reino da história
É o reino de Israel
Eles vão tomar-te de ponta
Toma isso bem em conta
Vai beijar-lhes o anel
Jesus voltou aos doutores
E deu a sua explicação
Cujo teor analisado
Deu celeuma e discussão

Falava de patins em linha
E carros de rolamentos
Mas os doutores viram nela
Reparos aos testamentos

Teve falta de castigo
E foi tornado um exemplo
O reino dele era maior
Que o dos doutores do templo

título: Jesus no Secundário
letra: Carlos Tê
música: João Gil

© 2005 EMI Music Publishing Portugal

título: Jesus no Secundário
letra: Carlos Tê
música: João Gil

título: Jesus no Secundário
letra: Carlos Tê
música: João Gil

título	**letra**	**música**
O deserto de Sara	Carlos Tê	João Gil

A minha amiga Sara
Deita sempre má cara
Quando a chamam ao quadro
Não sabe a matéria dada
Fica tensa não diz nada

Ela tem uns olhos verdes
Duma tristeza de musgo
Onde correu muita água
Onde secaram caudais
Rios e rios de mágoa

É como se em cada dia
Haja uma travessia
Longa demais para fazer
Mas que deserto é o teu?

Quem me dera um oásis meu
Plantá-lo na tua cara
Para ver a jóia rara
Que é o teu sorriso, Sara

Dizem que acontece a quem
Tem o pai longe da mãe
Parte-se ao meio a pessoa
Anda-se um tempo à toa
Leva muito a ficar bem

Pus-lhe a mão no cabelo
E arranquei-lhe um sorriso
Ouço nela um apelo:
«tenho um vazio em mim
ai quem me ajuda a enchê-lo?»

título
O deserto de Sara

letra
Carlos Tê

música
João Gil

© 2005 EMI Music Publishing Portugal

título: O deserto de Sara
letra: Carlos Tê
música: João Gil

título letra música
O deserto de Sara Carlos Tê João Gil

título
O deserto de Sara

letra
Carlos Tê

música
João Gil

título
Olhos nos Olhos

letra
João Gil

música
João Gil

Queria apenas falar contigo,
Dizer te o que sinto, dizer-te o que penso,
Esteticamente ou com timidez,
Será formal ou será que é feio dizer:

Quero-te muito. Quero-te muito.
Amo-te assim tanto, tanto, loucamente.

Constantemente ouço dizer,
No cinema e na TV,
Mas tu sabes que é exagero e vazio,
Ainda por cima sou um péssimo actor e vê:
Ti voglio bene, te quiero mucho.
Amo-te assim tanto, tanto, loucamente.

É à cobardia nacional,
A que se devem os nossos receios,
Por isso olha nos meus olhos,
Ao fundo de mim, bem perto de ti e sente:
Quero-te muito. Quero-te muito.
Amo-te assim tanto, tanto, loucamente.

título letra música
Olhos nos Olhos João Gil João Gil

© 2005 EMI Music Publishing Portugal

título	**letra**	**música**
O Zorro	João Monge	João Gil

Eu quero marcar o «z» dentro do teu decote
Ser o teu zorro de espada e capote
Para te salvar à beirinha do fim
Depois, num volte-face, vestir os calções
Acreditar de novo nos papões
E adormecer contigo ao pé de mim

Eu quero ser para ti a camisola 10
Ter o Benfica todo nos meus pés
Marcar um ponto na tua atenção
Se assim, faltar a festa na tua bancada
Eu faço a minha última jogada
E marco um golo com a minha mão

Eu quero passar contigo de braço dado
E a rua toda de olho arregalado
A perguntar: como é que conseguiu?
Eu puxo da humildade da minha pessoa
Digo da forma que menos magoa:
Foi fácil! Ela é que pediu.

título: O Zorro
letra: João Monge
música: João Gil

© 2005 EMI Music Publishing Portugal

título
**Deixa-te ficar
na minha casa**

letra
João Monge

música
João Gil

Tenho livros e papeis espalhados pelo chão.
A poeira duma vida deve ter algum sentido:
Uma pista, um sinal de qualquer recordação,
Uma frase onde te encontre e me deixe comovido.

Guardo na palma da mão o calor dos objectos
Com as datas e locais, por que brincas, por que ris
E depois o arrepio, a memória dos afectos
Que me deixa mais feliz.

Deixa-te ficar na minha casa.
Há janelas que tu não abriste.
O luar espera por ti quando for a maré vasa.
Ainda tens que me dizer porque é que nunca partiste.

Está na mesma esse jardim com vista sobre a cidade
Onde fazia de conta que escapava do presente,
Qualquer coisa que ficou que é da nossa eternidade.
Afinal, eternamente.

Deixa-te ficar na minha casa.
Há janelas que tu não abriste.
O luar espera por ti quando for a maré vasa.
Ainda tens que me dizer porque é que nunca partiste

título
Deixa-te ficar na minha casa

letra
João Monge

música
João Gil

© 2005 EMI Music Publishing Portugal

título
Deixa-te ficar
na minha casa

letra
João Monge

música
João Gil

título
Deixa-te ficar na minha casa

letra
João Monge

música
João Gil

Ficha Técnica

Título

João Gil – livro de canções (vol. 1)

Produção

Miltemas – Produção e Serviços de Marketing

T 919 588 955 · info@miltemas.com · www.miltemas.com

Edição

Edições Almedina, SA

Rua da Estrela, 6 · 3000-161 Coimbra

T 239 851 904 · F 239 851 901 · editora@almedina.net

www.almedina.net

—

DEI – Direcção de Educação e Investigação

Casa da Música

Av. da Boavista, 604 – 610 · 4149-071 Porto

T 220 120 290 · F 220 120 298 · dei@casadamusica.com

www.casadamusica.com

Transcrição musical

Luís Magalhães

Design

R2 Design (www.rdois.com)

Execução gráfica

Gráfica de Coimbra

Fotos gentilmente cedidas por EMI Music Portugal

© Kenton Thatcher (capa; contra-capa; p. 14 – cima centro;

p. 15 – cima centro)

© Carlos Ramos (p. 16 – cima direita)

© Carlos Ramos e Rui Aguiar (p. 2)

© Isabel Pinto (p. 15 – cima direita)

© arquivo EMI Music Portugal (restantes)

Novembro 2005

Depósito legal: 235069/05

ISBN: 972-40-2708-2

Agradecimentos:

MS Management

EMI Music Publishing Portugal

EMI Music Portugal

Toda a reprodução desta obra, por fotocópia ou outro

qualquer processo, sem prévia autorização escrita do

Editor, é ilícita e passível de procedimento judicial contra

o infractor.